Catherine Bruz... ...d Louise Millar
Illustratio...
Spanish advis...

My First 100 Spanish Words

...es **2** La ropa

...ys **8** Los juguetes

...d **12** La comida

...y **18** La fiesta

22 La hora del baño

24 La cocina

26 El parque infantil

28 Los animales

...4 El transporte

...8 El tiempo

Los colores

Los números

Lista de palabras

BREN...
Please retu...
by the la...
Books may a...
phone...
Tel: 011...
e **www.brent.**

b small publishing

la falda

*la **fal**da*

skirt

el pijama

*el pee**hah**-ma*

pyjamas

los zapatos
*loss tha**pat**-toss*
shoes

el abrigo
*el ab**ree**-go*
coat

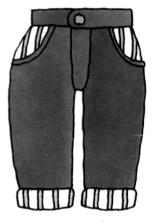

el pantalón
*el panta**lon***
trousers

el vestido
*el be**steed**o*
dress

Clothes

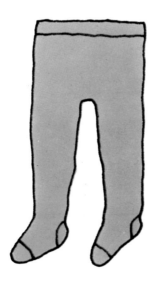

las medias
*las **med**-eeass*
tights

el sombrero
*el som**brairo***
hat

la camiseta
*la kah-mee-**seh**-ta*
T-shirt

las botas
*las **boh**-tass*
boots

6

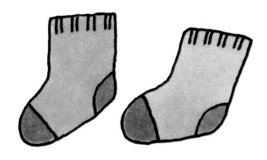

los calcetines
*loss kaltheh-**tee**-ness*
socks

el traje de baño
*el **tra**-heh deh **ban**yo*
swimming costume

la pelota
la peh-loh-ta
ball

los lápices de colores
loss lap-eethess deh kol-or-ess
crayons

la muñeca
*la moon-**yeh**-ka*
doll

el tambor
*el tam**bor***
drum

los bloques
*loss **block**-ess*
blocks

el triciclo
*el tree-**thee**-klo*
tricycle

el osito
*el o-**seet**-o*
teddy bear

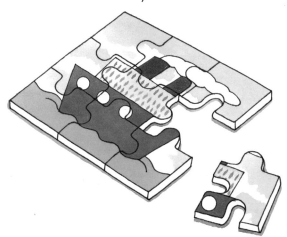

el rompecabezas
*el rompeh-kah-**beth**ass*
puzzle

la manzana
*la man-**thah**-na*
apple

el pan
el pan
bread

12

Food

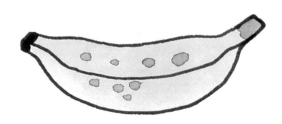

el plátano
*el **plah**-tan-o*
banana

el huevo
*el **way**-bo*
egg

el queso
*el **keh**-soh*
cheese

la zanahoria
*la thanah-**or**-ee-a*
carrot

Food

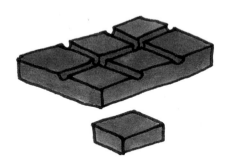

el chocolate
*el chokko-**lah**-teh*
chocolate

el agua
*el **ag**-wa*
water

La comida
*la-koh-**mee**-dah*

el tomate
*el tom-**ah**-teh*
tomato

la pasta
*la **pas**-tah*
pasta

la naranja
*la nah-**ran**-hah*
orange

el bocadillo
*el boka**dee**-yo*
sandwich

las galletas
*las gah-**yeh**-tass*
biscuits

el pastel
*el **pas**-tel*
cake

Party

la bebida
*la beb-**ee**-da*
drink

el balón
*el bal-**on***
balloon

el sombrero de fiesta
*el som**brair**o deh fee-**ess**-ta*
party hat

el regalo
*el reg-**ah**-lo*
present

el helado
*el el-**lah**-doh*
ice-cream

las magdalenas
*las magdah-**leh**-nas*
cupcakes

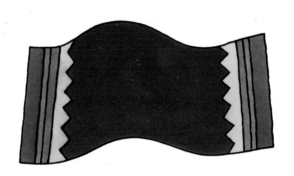

la toalla
*la toh-**wal**-ya*
towel

el champú
*el sham-**poo***
shampoo

Bathtime

el cepillo de dientes
*el thep-**ee**-yo deh dee-**yen**-tes*
toothbrush

el jabón
*el ha**bon***
soap

La cocina
*la ko-**thee**-na*

la cuchara
*la koo**chah**-ra*
spoon

la cacerola
*la katheh-**ro**-la*
saucepan

Cooking

el tazón
el tath-on
bowl

el delantal
el deh-lan-tal
apron

El parque infantil
*el **par**-keh eenfan-**teel***

el cajón de arena
*el ka-**hon** deh ah-**ray**na*
sandpit

el columpio
*el kol-**oom**-pee-o*
swing

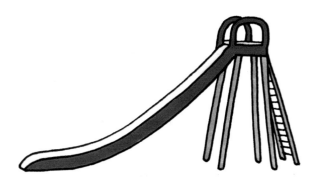

el tobogan
*el tob-o-**gan***
slide

el banco
*el **ban**-ko*
bench

el gato
*el **gat**-o*
cat

el perro
*el **peh**-ro*
dog

el pájaro
*el **pa**-ha-ro*
bird

el ratón
*el rat-**on***
mouse

la vaca
*la **bak**-a*
COW

la cabra
*la **kab**-ra*
goat

30

el conejo
*el koh-**eh**-ho*
rabbit

la oveja
*la **obeh**-ha*
sheep

la gallina
la ga-yeen-a
chicken

el caballo
*el ka-**ba**-yo*
horse

el cerdo
*el **thaird**-o*
pig

el pato
*el **pat**-o*
duck

El transporte
*el trans**port**-eh*

el coche
*el **ko**cheh*
car

el barco
*el **bar**ko*
boat

Transport

el avión
*el abee-**on***
aeroplane

la motocicleta
*la moto-thee-**klet**-a*
motorbike

la bicicleta
*la bee-thee-**klet**-a*
bicycle

el autobús
*el aowto-**boos***
bus

Transport

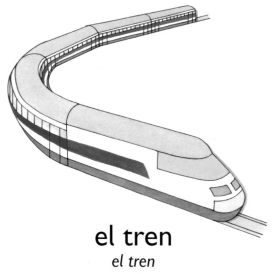

el tren
el tren
train

el tractor
*el trak-**tor***
tractor

la nube
*la **noo**-beh*
cloud

la lluvia
*la **yoo**-bee-a*
rain

el paraguas
*el par-**ag**-was*
umbrella

el arco iris
*el arko **eer**-iss*
rainbow

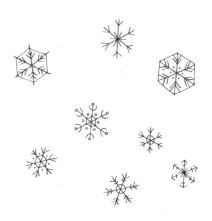

la nieve
*la nee-**eh**-beh*
snow

la tormenta
*la tor-**men**-ta*
storm

el muñeco de nieve
*el moon-**yek**-o deh nee-**eh**-beh*
snowman

el sol
el sol
sun

Los colores
*loss kol-**or**-ess*

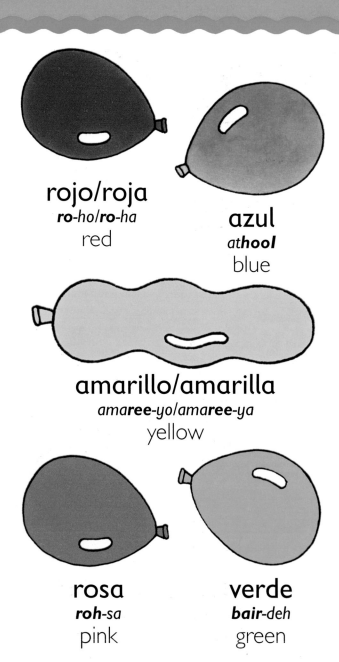

rojo/roja
***ro**-ho/**ro**-ha*
red

azul
*at**hool***
blue

amarillo/amarilla
*ama**ree**-yo/ama**ree**-ya*
yellow

rosa
***roh**-sa*
pink

verde
***bair**-deh*
green

Colours

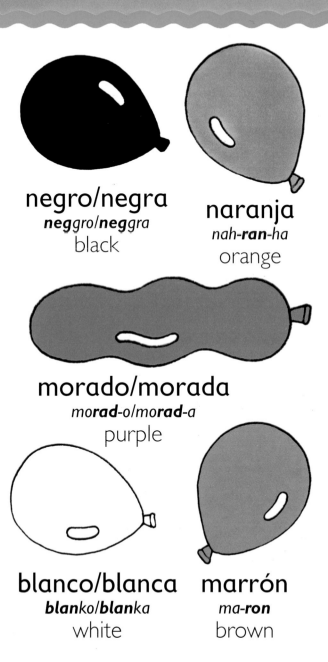

negro/negra
neggro/neggra
black

naranja
nah-ran-ha
orange

morado/morada
morad-o/morad-a
purple

blanco/blanca
blanko/blanka
white

marrón
ma-ron
brown

Los números

*loss **noo**-mair-oss*

1 uno/una
***oo**no/**oo**na*
one

2 dos
doss
two

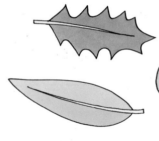

3 tres
tray-ss
three

4 cuatro
***kwat**-ro*
four

5 cinco
***think**-o*
five

Numbers

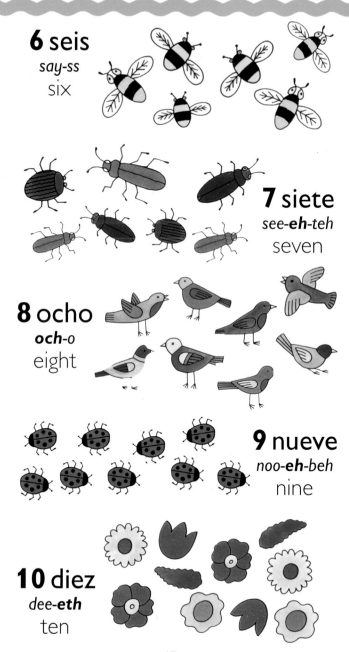

6 seis
say-ss
six

7 siete
see-eh-teh
seven

8 ocho
och-o
eight

9 nueve
noo-eh-beh
nine

10 diez
dee-eth
ten

Lista de palabras

Leesta deh pal-**ab**-ras

Spanish/español – English/inglés

ess-pan-**yol**   een-**gless**

el abrigo coat
el agua water
amarillo/amarilla
  yellow
los animales animals
el arco iris rainbow
el autobús bus
el avión aeroplane
azul blue
el balón balloon
el banco bench
el barco boat
la bebida drink
la bicicleta bicycle
blanco/blanca white
los bloques blocks
el bocadillo sandwich
las botas boots
el caballo horse
la cabra goat
la cacerola saucepan
el cajón de arena
  sandpit
los calcetines socks
la camiseta T-shirt
el cepillo de dientes
  toothbrush
el cerdo pig
el champú shampoo
el chocolate
  chocolate
cinco five
el coche car
la cocina cooking
los colores colours
el columpio swing
la comida food
el conejo rabbit
cuatro four
la cuchara spoon
el delantal apron
diez ten
dos two

la falda skirt
la fiesta party
las galletas biscuits
la gallina chicken
el gato cat
el helado ice-cream
la hora del baño
  bathtime
el huevo egg
el jabón soap
los juguetes toys
los lápices de colores
  crayons
la lluvia rain
las magdalenas
  cupcakes
la manzana apple
marrón brown
las medias tights
morado/morada
  purple
la motocicleta
  motorbike
la muñeca doll
el muñeco de nieve
  snowman
la naranja
  orange (fruit)
naranja
  orange (colour)
negro/negra black
la nieve snow
la nube cloud
nueve nine
los números numbers
ocho eight
el osito teddy bear
la oveja sheep
el pájaro bird
el pan bread
el pantalón trousers
el paraguas umbrella
el parque infantil
  playground

la pasta pasta
el pastel cake
el pato duck
la pelota ball
el perro dog
el pijama pyjamas
el plátano banana
el queso cheese
el ratón mouse
el regalo present
rojo/roja red
el rompecabezas
  puzzle
la ropa clothes
rosa pink
seis six
siete seven
el sol sun
el sombrero hat
el sombrero de fiesta
  party hat
el tambor drum
el tazón bowl
el tiempo weather
la toalla towel
el tobogan slide
el tomate tomato
la tormenta storm
el tractor tractor
el traje de baño
  swimming costume
el transporte
  transport
el tren train
tres three
el triciclo tricycle
uno/una one
la vaca cow
verde green
el vestido dress
la zanahoria carrot
los zapatos shoes

46

Word list

English/inglés – Spanish/español
een-gless　　　　ess-pan-yol

aeroplane el avión

animals los animales

apple la manzana

apron el delantal

ball la pelota

balloon el balón

banana el plátano

bathtime
 la hora del baño

bench el banco

bicycle la bicicleta

bird el pájaro

biscuits las galletas

black negro/negra

blocks los bloques

blue azul

boat el barco

boots las botas

bowl el tazón

bread el pan

brown marrón

bus el autobús

cake el pastel

car el coche

carrot la zanahoria

cat el gato

cheese el queso

chicken la gallina

chocolate el chocolate

clothes la ropa

cloud la nube

coat el abrigo

colours los colores

cooking la cocina

cow la vaca

crayons
 los lápices de colores

cupcakes
 las magdalenas

dog el perro

doll la muñeca

dress el vestido

drink la bebida

drum el tambor

duck el pato

egg el huevo

eight ocho

five cinco

food la comida

four cuatro

goat la cabra

green verde

hat el sombrero

horse el caballo

ice-cream el helado

motorbike
 la motocicleta

mouse el ratón

nine nueve

numbers los números

one uno/una

orange (colour)
 naranja

orange (fruit)
 la naranja

party la fiesta

party hat
 el sombrero de fiesta

pasta la pasta

pig el cerdo

pink rosa

playground
 el parque infantil

present el regalo

purple
 morado/morada

puzzle el rompecabezas

pyjamas el pijama

rabbit el conejo

rain la lluvia

rainbow el arco iris

red rojo/roja

sandpit
 el cajón de arena

sandwich el bocadillo

saucepan la cacerola

seven siete

shampoo el champú

sheep la oveja

shoes los zapatos

six seis

skirt la falda

slide el tobogan

snow la nieve

snowman
 el muñeco de nieve

soap el jabón

socks los calcetines

spoon la cuchara

storm la tormenta

sun el sol

swimming costume
 el traje de baño

swing el columpio

teddy bear el osito

ten diez

three tres

tights las medias

tomato el tomate

toothbrush
 el cepillo de dientes

towel la toalla

toys los juguetes

tractor el tractor

train el tren

transport el transporte

tricycle el triciclo

trousers el pantalón

T-shirt la camiseta

two dos

umbrella el paraguas

water el agua

weather el tiempo

white blanco/blanca

yellow
 amarillo/amarilla

47

© b small publishing ltd. 2012

The Book Shed, 36 Leyborne Park, Kew,
Richmond, Surrey, TW9 3HA

www.bsmall.co.uk

www.facebook.co.uk/bsmallpublishing

www.twitter.com/bsmallbear

ISBN: 978-1-908164-21-6

1 2 3 4 5

Editorial: Catherine Bruzzone and Louise Millar

Design: Louise Millar

Production: Madeleine Ehm

Spanish adviser: Diego Blasco Vázquez

Printed in China by WKT Co. Ltd.

British Library Cataloguing-in-Publication Data.
A catalogue record for this book
is available from the British Library.